Regula Elizabeth Fiechter
Urban Trösch

Engel und Madonnen

Regula Elizabeth Fiechter
Urban Trösch

Engel und Madonnen

Urania

Hinweis
Die Informationen in diesem Buch sind nicht dazu gedacht, einen Arzt oder Therapeuten zu ersetzen. Eine Haftung der Autorin bzw. des Verlags für Personen-, Sach- und Vermögensschäden ist ausgeschlossen.

Originalausgabe
1. Auflage 2005
ISBN 3-03819-123-X

Idee und Konzept: Regula Elizabeth Fiechter
Bilder und Illustrationen: Urban Trösch
Umschlaggestaltung: Antje Hellmanzik
Layout & Satz: Antje Hellmanzik
Druck der Karten: Carta Mundi, Belgien
Druck des Buches: Graphicom, Vicenza
Produkt Manager: Silvie Bachmann
Herstellung: Marcus Caluori

www.uraniaverlag.ch — www.tarotworld.com

Vorwort

Erinnern Sie sich daran, wie es war als Kind, als Sie ganz fest an Ihren Schutzengel glaubten? Er hat Sie sicher bis heute nicht verlassen und wird Sie bis an Ihr Lebensende begleiten und beschützen. Und die sanft lächelnde Madonna im blauen Gewand, ist sie nicht auch ein vertrautes Bild? Engel und Madonnen – vereint in einem Buch, in einem Kartendeck. Denn beide haben sie die Fähigkeit, den Menschen zur Seite zu stehen und ihnen aufzuzeigen, dass es nicht nur die materielle, irdische Existenz gibt. Sie sind gleichzeitig Helfer in der Not wie auch Vermittler zwischen der diesseitigen und der jenseitigen Welt. Urban Trösch hat die Bilder in aufwändiger Eitemperatechnik gemalt wie das heutzutage eigentlich nur noch Ikonenmaler, etwa die Mönche auf dem Berg Athos, tun. Ursprünglich, bevor die Ölmalerei aufkam, war dies die gängige Art, Kunstwerke zu schaffen. Die langsam entstandenen Bilder, Schicht für Schicht auf Kreidegrund aufgebaut, haben mich fasziniert und zu meiner großen Freude habe ich zu den Bildern mediale Durchsagen erhalten. Der Engel oder die Madonna (es sind auch zwei Mönche darunter, die wollten einfach mit dabei sein...) haben ihren Namen genannt und eine Botschaft übermittelt. Es sind durchwegs Worte, welche uns daran erinnern, dass unsere Zeit auf Erden beschränkt ist und wir diese Zeit sinnvoll nutzen sollen. Mitgefühl zu allen Geschöpfen, Freundschaft, Verbundenheit mit allen und allem, aber auch die klare Aufforderung, selbst Verantwortung zu übernehmen und den eigenen Weg zu gehen, sind einige Stichworte dazu. Ich freue mich, wenn die Engel und Madonnen Teil Ihres Lebens werden und bin sicher, dass die Kraft der Bilder und Worte den Weg in Ihr Herz findet.

Regula Elizabeth Fiechter

Alle Versuche, das Gebot: »Du sollst dir kein Bildnis machen!«, auf Dauer und konsequent durchzusetzen, waren schon immer zum Scheitern verurteilt. Der Mensch will sich ein Bildnis machen und braucht dazu Bilder. Das Gebot ist aber vielleicht gar nicht als Verbot, sondern vielmehr als ein Hinweis zu verstehen. Soll es uns etwa sagen, dass wir Menschen gar nicht in der Lage sind, uns eine Vorstellung vom Göttlichen zu machen?
Doch dass da eine Transzendenz ist, welche sich weder in Bilder noch Worte fassen lässt,

spüren wir wohl. Dennoch ist das Bedürfnis, das Unfassbare durch Bilder fassbar zu machen, im Menschen vorhanden. Über das Bild kann ich, mit der richtigen Einstellung dazu, eine Brücke zur Transzendenz schlagen, oder mich doch wenigstens der Wahrheit nähern.

Ich hege für Engel, Madonnen sowie gewisse Einsiedler und Heilige größte Sympathie, sie begleiten mich durch mein Leben.

Die Madonna symbolisiert die aufbauenden, erhaltenden und beschützenden Kräfte der Natur. Das Jesusknäblein ist der Mensch. Ohne die Natur, die ihn trägt, kann er nicht sein. Die Natur erkennt sich im Menschen selbst. Eine Gnade und ebenso eine Verpflichtung.

Engel, sagt man, sind die Boten Gottes. Er schickt sie uns in mannigfacher Form. Eine geheimnisvolle Kraft lässt durch einen »Zufall« unser vermeintlich unausweichliches Schicksal eine glückliche Wendung nehmen. Mancher von uns war vielleicht, ohne es zu wissen, auch schon Engel. »Wie gut, dass du kommst! Dich schickt der Himmel!« Wurde Ihnen das auch schon gesagt?

Sitze ich in meiner Malklause, so fühle ich

mich in den besten Augenblicken dem Göttlichen nahe. Wir und das Universum sind Eins, jetzt und auf immer.

Urban Trösch

Wie kann man mit Buch und Karten arbeiten?

Zuerst einmal haben Sie sicher Lust, das wunderschön gestaltete Buch durchzublättern und die Karten einzeln in die Hand zu nehmen. Oder Sie ziehen eine Karte, zünden sich dazu vielleicht eine Kerze an oder hören schöne Musik. Der Engel oder die Madonna der jeweiligen Karte haben eine Botschaft, über die man meditieren kann. Die Themen kreisen um Freundschaft, Verbundenheit mit allen Lebewesen und Mitgefühl. Sie spenden Trost und machen Mut, sich selbst zu verwirklichen und seinen Weg zu finden.

Die Karten zur Affirmation verwenden

Sie können die Karten mischen und zu einer Frage eine oder auch mehrere Karten ziehen, wie Sie das vielleicht bereits mit Tarotkarten oder Wahrsagekarten wie etwa Lenormand machen. In diesem Fall lesen Sie als erstes die Botschaft und lassen diese einige Zeit wirken. Erst dann lesen Sie den Deutungstext. Und hier möchte ich einen wichtigen Hinweis einschieben: Die Botschaften wurden mir medial übermittelt, die Deutungstexte stammen von mir. Das heisst also, dass es durchaus sein kann, dass Ihnen die Botschaft bereits genügt und Sie den Deutungstext nicht zu lesen brauchen. Oder dass Sie die Botschaft anders deuten. Lassen Sie sich dann bitte nicht von Ihrer eigenen Wahrnehmung, Ihrem eigenen Gefühl abbringen, sondern hören Sie auf Ihre innere Stimme.

Wie kann man die Karten sonst noch befragen?

Sie können zum Beispiel an Ihrem Geburtstag eine Karte ziehen. Diese zeigt Ihnen dann das Thema des neuen Lebensjahres an. Oder Sie ziehen am Jahresende eine Karte für das neue Jahr, um die Themen kennen zu lernen, die es für Sie bereit hält. Und dann natürlich, wann immer Sie eine Frage haben. Bitten Sie darum, von den Engeln und Madonnen einen Hinweis zu erhalten, um was es geht und was in der Situation wichtig ist.

Was bringt das nächste Jahr? Ziehen Sie eine Karte für jeden Monat.

Für eine Jahresvorschau brauchen Sie keine komplizierten Legesysteme. Ziehen Sie einfach für jeden Monat eine Karte, welche Ihnen sagt, mit welchem Thema Sie in dieser Zeit rechnen können. Wenn Sie mögen, können Sie die entsprechende Karte während des jeweiligen Monats daheim oder am Arbeitsplatz aufstellen oder auch ständig bei sich tragen.

Auf diese Weise können Sie die Verbindung mit der feinen Energie der Engel und Madonnen aufrecht erhalten und zwischendurch einige besinnliche Minuten einlegen – wann immer Sie das wollen.

Nogan

Trauer umflort meinen Blick, wenn auch nur für einen Augenblick. Liebe zwischen den Geschöpfen vertreibt trübe Gedanken, die Trauer weicht der Hoffnung. Lange Zeit ist es her, doch deine Seele weiß noch, woher deine Sehnsucht stammt, eins zu sein mit allen Geschöpfen der Erde. Ich helfe dir dabei, deine Trauer zu verstehen, die manchmal dein Herz erhascht, in Augenblicken, die eigentlich als Freude gedacht. Gerade dann fühlst du einen Schmerz, der von weit her kommt zu dir, aus alten Zeiten, vor langer Zeit geboren.

Das Bild

Dieser Luftengel rauscht frontal auf seinen Betrachter zu. Sein Attribut ist eine flatternde Taube, welche auf seiner Hand sitzt. Seine Kleidung ist luftig und zart und sein im Wind flatterndes blondes Haar wird nur etwas von seinem Kopfschmuck gebändigt, in dessen Mitte ein hellschimmerndes Schmuckstück die Stirne des Engels mit den klarblauen Augen ziert.

Deutung

Tief verbunden fühlen Sie sich mit allen Wesen. Manchmal sind Sie traurig und wissen nicht warum. Oft sind dies Momente, in denen Sie mit Ihren feinen Antennen Leid und Schmerzen von anderen Wesen aufnehmen. Nogan will Ihnen mit seiner Botschaft sagen, dass Mitgefühl manchmal Trauer und Schmerzen bereitet. Aber auch in Momenten der Freude spüren Sie für einen Augenblick Traurigkeit, weil Sie fühlen, daß Trauer und Freude zusammengehören.

maria dolores

Zarter vogel in der hand meines sohnes erfreut sein herz und zaubert ein lachen auf sein gesicht. so kann es dir auch ergehen. ich weiss, was hinter meinem rücken geschieht – sonne und mond sind gleichzeitig da, sterne dazu ganz klar. ich schaue aber zu ihm, meinem sohn, weil ich will, dass er die welt so sieht, wie sie gedacht. vögel des himmels friedlich vereint, nicht streit zwischen sonne und mond, zwischen tag und nacht. wenn du im streit bist mit sonne und mond, besinne dich auf die vögel und die kinder.

DAS BILD

Die Madonna im Purpurmantel sitzt vor einem romanischen Fenster, das den Blick auf eine mythologische Landschaft freigibt. Ihr kleiner Sohn hält zart einen Vogel in der Hand. Im Hintergrund spielt ein Engel auf einem Trummscheit, ein Instrument, das auch unter dem Namen Nonnengeige bekannt ist und dessen Klänge an Trompetenmusik erinnern. Das Einhorn in der Ferne wurde wohl durch diese Klänge angelockt. Der wilde Mann hat soeben mit der Keule einen Drachen erschlagen. Am Firmament geht langsam die goldene Sonne unter und der Mond ist bereits aufgegangen.

Deutung

In der Welt ist immer sowohl das Gute als auch das Schlechte am Werk. Jederzeit haben Sie die Möglichkeit, nur das eine davon zu sehen, sich auf das eine zu fokussieren. Kriege, Umweltkatastrophen, Krankheit, Leid von Mensch und Tier, Egoismus und Kaltherzigkeit begegnen uns auf Schritt und Tritt. Maria Dolores weiß, was Leiden heißt und sie fordert auf, den Blick auf das Schöne, das Reine zu lenken. Ein Kinderlachen, mitten im Elend von Armut und Leid. Ein kleiner Vogel, der frühmorgens sein Lied singt. Maria Dolores will Ihnen helfen, sich daran zu freuen, ohne das Leid dieser Welt zu vergessen. Sie sollen Kraft schöpfen aus den einfachen schönen Dingen, um denen zu helfen, die der Hilfe bedürfen.

astrid, jelenka, maya

Die gabe der freundschaft bringen wir zu dir. in guten zeiten vergisst man oft, dass freundschaft trägt uns durch schwere zeiten. wir laden dich ein, mit uns ein glas wein zu trinken, wir stellen keine fragen, die dir nicht behagen. erzählst du uns von deiner reise durch das leben, hören wir zu. du sagst, du seiest in eile, die zeit fehle dir, um dich zu uns zu setzen? zeit, mit freunden verbracht, ist kostbar, denke daran, jetzt, wo du mit schnellen schritten durchs leben eilst.

Das Bild

Das Bild zeigt eine freie Variante aus der klassischen Ikonenmalerei: die Dreifaltigkeit. Das Sujet stammt aus der biblischen Geschichte, als die drei Engel zu Abraham und Sarah kamen und von diesen gastfreundlich bewirtet wurden. Die Engel trinken Wein und essen dazu Oliven vom Baum, der hinter ihnen steht. Jeder der drei Engel hält einen Thyrsosstab (Bacchantenstab – ein Fruchtbarkeitssymbol) in der Hand.

Deutung

Sie gehen mit schnellen Schritten durchs Leben, Zeit ist Geld, denken Sie. Gerade erst haben Sie einen alten Schulfreund getroffen, den Sie gar nicht erkannt hätten, wenn er Sie nicht angesprochen hätte. Er ließ nicht locker, wollte unbedingt mit Ihnen ein Glas Wein trinken gehen. Sie ließen sich zwar überreden, haben aber ständig heimlich auf die Uhr geschaut. Und doch, als Sie wieder alleine waren, mussten Sie an das Gespräch denken. Astrid, Jelenka und Maya fordern Sie auf, Freundschaften zu pflegen, spontane Einladungen anzunehmen und auch selbst auf Menschen zuzugehen. Wer weiß, vielleicht entsteht eine Freundschaft daraus.

Jade

Ich bringe Musik in dein Leben. Lass dich tragen von meinen Melodien. Klänge, vertraut wie das Rauschen des Meeres, der Gesang der Vögel und das Heulen des Windes. Finde deine eigene Melodie, deinen eigenen Rhythmus, sie sind dir mitgegeben seit deiner Geburt.

Das Bild

Ein Engel mit Saxophon schwebt beschwingt barfuß über eine Brombeerhecke. Unter seinem dunklen Kleid zeigt sich das türkisfarbene plissierte Untergewand. Seine Flügel schillern wie die eines bunten exotischen Vogels. Kleid und Stirnband harmonieren farblich mit den Flügeln. In der Ferne verliert sich der Blick im blaugoldenen Himmel. Hinter der Allee mit Bäumen sind rotfelsige Berge zu sehen.

Deutung

Das ganze Universum ist erfüllt mit Klängen und Rhythmen. Frühmorgens das Konzert der Vögel, der Regen, der auf Blätter trommelt, der tiefe Bass des Donners, alles ist Klang und Melodie. Welches ist Ihre Melodie? Jetzt ist die Zeit, das herauszufinden. Warum nicht ein Instrument spielen lernen oder wieder einmal laut singen? Oder tanzen oder alles zusammen? Die Klänge Ihrer Melodie tragen Sie beschwingt durchs Leben.

Gajana

Hast du heute schon mit den Tieren gesprochen? Wie mein Kind hast auch du einst zu den Schmetterlingen gesprochen, doch irgendwann riss dieses Band. Jetzt ist die Zeit gekommen, das Band neu zu flechten, damit das Wissen der Tiere zu dir gelangen kann. Es genügt ein Gedanke, um zu verbinden die Seelen derer, die dies wünschen. Lausche den Vögeln, dem Löwen, den Kamelen, dem Schmetterling, dem Affen und der Eule. Und lausche allen, die dir begegnen.

Das Bild

Eine Madonna mit Kind steht vor einer Wüstenlandschaft. Der Pavian zu ihren Füßen trägt eine dreifache Mitra. Von einer Felsenhöhle aus betrachtet ein Löwe die vorbeiziehenden Kamele. Das Kind streckt die Hand nach dem vorüberfliegenden Schmetterling aus. Im Gebüsch sitzen zwei farbenprächtige Vögel und auf einem Baumstumpf hockt eine Eule.

Deutung

Tiere sind spirituelle Wesen und haben uns viel zu sagen. Bloß haben die meisten Menschen verlernt, die Botschaft der Tiere zu hören. Als Sie ein kleines Kind waren, war es doch so einfach, jede Raupe, jeder Vogel, alle sprachen sie zu Ihnen und Sie haben sie verstanden. Jetzt möchten die Tiere wieder mit Ihnen sprechen. Den ersten Schritt dazu haben Sie gemacht: Sie sehen die Tiere, nehmen sie wahr. Überall sind etwa Vögel, Boten der Lüfte, welche Sie um Rat fragen können. Sprechen Sie sie einfach direkt an, nennen Sie Ihren Namen und bitten Sie einen Vogel oder ein anderes Tier um Rat und Hilfe. Die Antworten werden nicht ausbleiben, denn Gajana sagt, dass Sie reif sind dafür.

RUBIN

Rubin ist mein name und ich bin gekommen, dir farbe in dein leben zu bringen. sieh meine flügel an, bunt und schillernd wie ein vogel. erdbeeren reif und rot habe ich mitgebracht, denn die rote farbe ist es, die du jetzt brauchst. iss eine nach der anderen, bis die güldene schale halb leer ist. spürst du die kraft, die dadurch erwächst? energien kannst du verschieben, ganz nach deinem belieben.

DAS BILD

Ein Engel mit schillernden Flügeln gleitet über eine paradiesische, blumenübersäte Wiese. Über seiner weißen Tunika trägt er einen roten Umhang mit blauem Futter. In der linken Hand hält er eine güldene Schale, gefüllt mit Erdbeeren, welche als Speise der Seligen gelten.

Deutung

Das ganze Universum besteht aus Energie, auf die Sie einen Einfluss haben. Oder wie es Rubin ausdrückt, die Sie nach Belieben verschieben können. Momentan ist es wichtig, dass Sie sich mit der Farbe Rot energetisch »aufladen«, um den Herausforderungen, die an Sie gestellt werden, gewachsen zu sein. Rote Früchte, rotes Gemüse, rote Kleider – die Palette ist groß. Sobald Sie mit dieser Art von Energiebeeinflussung vertraut sind, versuchen Sie doch, Energien gedanklich zu beeinflussen. Senden Sie Ihre guten Gedanken ins Universum, dorthin, wo Licht und Energie gebraucht werden.

Calista

Herrlich ist der Anblick des Morgens von meinem Fenster aus. Früchte reif, wohin ich auch blicke, Schmetterlinge im Fluge, überall zugegen. Ich bitte dich, komm mit mir hinaus in die Natur, strecke deine Hand aus, damit die Schmetterlinge dort rasten für eine Weile und du so erkennst, dass du und sie Teil sind eines Wunders, genannt Natur. Sie ist um dich, in dir und du bist Teil von ihr.

Das Bild

Eine surrealistisch anmutende Komposition aus verschiedenen Elementen. Im floral verzierten gotischen Spitzbogen segnet eine Priesterin eine Melone. Fallen sie auf fruchtbaren Boden, wird aus den Kernen neues Leben erwachen. Das Ornat der Priesterin wird oben von einem Tagpfauenauge abgeschlossen und ihre Mitra ist die junge Spitze eines Schachtelhalms. Unter dem goldenen Tuch befindet sich ein wertvolles heiliges Buch.

Die Deutung

Jede Begegnung mit einem Schmetterling wird Sie von nun an an die Botschaft von Calista erinnern. Und diese Botschaft fordert Sie auf hinauszuschauen, hinauszugehen und mit der Natur eins zu werden. Aufmerksames Schauen, Wahrnehmen, was um Sie herum lebt. Insekten, Schmetterlinge, Pflanzen, Blumen, Bäume, Flüsse, Berge – nehmen Sie alles bewusst wahr. Die Maserung eines Blattes, die Grünschattierungen eines Baumes, die Ruhe des Waldes – Vollkommenheit, wohin Sie auch schauen.

Mangelia

Langsam gewachsen, sind die Früchte nun reif. Sieh sie dir an, dann wähle aus mit Bedacht. Wirklichkeit erwacht in dir, sobald du dich verbindest mit den Früchten der Erde. Reichlich ist da, was du brauchst. Nimm von dieser Frucht, dann von jener, warum auch nicht. Saftige Wiesen und ein güldener Himmel als Zeichen des Reichtums, der Fülle, des Glücks.

Das Bild

Das Bild der Madonna mit ihrem Kind zeigt sich hier inmitten einer märchenhaften floralen Umgebung. Sie trägt eine Kappe, welche der Pflanzenwelt entsprossen zu sein scheint. Ihr Kind stellt sich als zartes Blümchen dar, welches sich an der goldenen Kugel erfreut, die ihm seine Mutter zeigt. Ein geflügeltes, hundeartiges Wesen in einer alten Samurairüstung sitzt zu ihren Füßen. Hinter Kürbissen sucht ein weiteres Fabelwesen, ein Kobold mit Schmetterlingsflügeln, den Blick des Betrachters. Ein Schwärmer fliegt in den fernen goldenen Himmel.

Deutung

Es ist eine Zeit der Ernte, Sie können sich am Anblick von Früchten, Gemüse und Pflanzen erfreuen. Und doch ist es damit nicht getan, denn Sie sollen eine kluge Wahl treffen und etwas auswählen. Überlegen Sie gut, was Sie möchten und wohin Sie gehen möchten. Was brauchen Sie zur Zeit? Was brauchen Sie, um den Weg zu gehen, der vor Ihnen liegt? Sie dürfen ruhig an allem riechen, davon kosten. Aber dann müssen Sie sich entscheiden. Sobald Sie eine bewusste Wahl aus der reichen Fülle getroffen haben, werden Sie merken, wie Ihnen Kräfte erwachsen und Sie bereit sind aufzubrechen.

Tamourin

Neu geboren liege ich hier vor dir und sage dir, dass das Leben immer wieder neu beginnt. Mit jedem Atemzug nehme ich teil am Ganzen um mich herum. Verbunden mit allen und allem, mein höheres Selbst schwebt über mir. Wenn du glaubst, dass es nicht mehr weitergeht, verbinde dich mit deinem höheren Selbst und fühle die Verbundenheit mit allen und allem. Im Hintergrund nehme ich sie wahr – den Bischof und den Mönch, ganz klar. Sie wollen mich behüten mit ihren heiligen Schriften, obwohl ich doch eins bin auch mit ihnen und ihre Weisheit mein Leben wird führen. Sobald ich bereit bin, gehe ich weiter, durchwandere Räume und Zeiten. Irgendwann liege ich wieder neu geboren am Anfang der Reise, die für uns alle im Voraus bestimmt. Alleine bin ich dabei nie, vergiss auch du das nie.

Das Bild

Ein neugeborenes Baby liegt auf eine Decke gebettet. Im Hintergrund sind ein Bischof und ein Mönch zu sehen, welche beide heilige Schriften in den Händen halten. Der sakrale Raum wird von zwei Renaissancesäulen getragen und ist mit mikroskopisch vergrößerten Pflanzenteilen geschmückt. Über dem Baby schwebt sein höheres Selbst, umhüllt von dem Bild eines Querschnitts durch einen Pflanzenstängel.

Deutung

Sie sind mit allem verbunden, sagt Tamourin. Fühlen Sie das auch so? Er spricht von seinem höheren Selbst, das über ihm schwebt. Haben Sie Ihr höheres Selbst schon wahrgenommen, diesen göttlichen Anteil in Ihnen? Wenn nein, ist die Zeit gekommen, dies zu tun. Das höhere Selbst sagt Ihnen, was Ihre Seele wirklich will in diesem Leben, was Ihr Auftrag ist in dieser Inkarnation.

Gabriel und Maria-Jelenka

Wir sind zu dir gekommen mit der Botschaft des Lichtes, das dir immer gereicht zur Zuversicht. Auch dann, wenn dunkle Wolken am Himmel zu sehn, und du nicht mehr weißt, wann die Sonne wieder scheint. Komm mit uns, wir führen dich dorthin, wo die Sonne immer scheint, wir zeigen dir das Licht in dir. Lass es leuchten in allen Zeiten, es wird dich für immer begleiten. An Tagen, an denen die Sonne scheint und auch in dunkler Nacht.

Das Bild

Das Bild zeigt eine Darstellung des »Englischen Grußes«*. Der Erzengel Gabriel mit der weißen Lilie teilt Maria ihre Auserkorenheit mit. Scheu senkt die zierliche Figur den Kopf – sie kann es kaum glauben, dass das Wunder geschehen soll. Verkündigungsszenen finden meistens in geschlossenen Räumen statt. Maria war Tempeljungfrau und wurde daher oft lesend in einer Synagoge dargestellt. Hier blicken wir durch ein gotisches Fenster in den Garten, welcher auch von einem verliebten Papageienpaar bewohnt wird.

* AVE MARIA, GRAZIA PLENA, DOMINUS TECUM, FRUCTUS BENEDICTUS ...

Deutung

In jedem Lebewesen leuchtet ein inneres Licht. Gabriel und Maria-Jelenka möchten Ihnen Ihr inneres Licht zeigen. Sobald Sie es sehen, können Sie auch das innere Licht von anderen Menschen, von Tieren und Pflanzen sehen. Und Sie werden das Band fühlen, welches Sie mit allem verbindet.

Lamura

Ich bin eine Königin in meinem Reich,. Bin ich daheim, geht es mir gut. Geh du nicht zu weit weg von deinem Heim, wo auch du eine Krone trägst. Steile Küsten in der Ferne, tiefes Meer und noch viel mehr sehe ich wohl, träume auch manchmal von fernen Küsten und großen Meeren. Im Traum kann ich reisen, ohne zu verlassen mein Königreich.

Das Bild

Die keltische Madonna spielt zärtlich mit ihrem Kind. Sie sitzt auf einem rustikalen Holzstuhl mit Samtkissen. Die Madonna aus dem Norden trägt auf ihrem flammend roten Haar eine edelsteingeschmückte Krone und sie ist in eine altrosafarbene Robe gekleidet. Draußen auf dem Meer zieht ein Wikingerdrache vorbei.

Deutung

Dies ist eine Zeit, wo es Ihnen nicht möglich ist, zu reisen. Lamura spricht von der Kraft, die Sie in Ihrem eigenen Heim haben. Ihr Zuhause ist momentan ein Ort, an dem Sie Kraft tanken und sich von der Außenwelt zurückziehen können. Sie spricht auch von Reisen, die Ihre Seele macht, während sie schlafen. Am Morgen erinnern Sie sich daran wie an einen Traum, an Landschaften, die Sie gesehen haben.

Ronimus

Als Wanderer durch Zeit und Raum stehe ich vor dir, um dir zu sagen, dass alle Güter der Erde vergänglich sind. Siehst du die Vögel in den Bäumen? Jedes Jahr bauen sie ihr Nest grad so, als sei es für immer. Willst du es ihnen sagen, dass es nur für kurze Zeit ist? Wer soll es denn dir sagen, dass alles vergänglich ist? Wie ein Vogel richte dich ein auf Erden, damit du einst weiterziehen kannst ohne Ballast. Aber vergiss nicht, zu bauen dein Nest.

Das Bild

Ein Franziskanermönch steht in einem Hain auf einem Hügel, meditativ in die Zwiesprache mit Vögeln und der Natur versunken. Die Bäume um ihn herum sind voller farbiger Vögel und auf dem rechten Baum ganz oben sitzt eine Eule. Im gleichen Baum ist die Erscheinung eines meditierenden Buddhas, umgeben von goldener Glorie, zu sehen. Zu Füßen des Franziskanermönchs kreucht ein Feuersalamander und ein Frosch sitzt im Grase.

Deutung

Der Franziskanermönch Ronimus hat eine einfache Botschaft: Alle irdischen Güter sind vergänglich. Ob das nun das Nest eines Vogels ist, das bald schon von Wind und Regen zerstört wird oder ein Haus, von Menschen gebaut. Heute noch steht es hier wie für die Ewigkeit gebaut, morgen schon muss es einer Schnellstraße oder einem Einkaufszentrum weichen. Die Karte fordert Sie auf, darüber nachzudenken, ob die Güter, welche Sie glauben, zu Ihrem Glück haben zu müssen, wirklich so wichtig sind. Ronimus sagt Ihnen, dass Sie nur Gast sind auf der Erde und einst weiterziehen werden. All Ihr Hab und Gut müssen oder dürfen Sie hier lassen.

yapsa

Nimm dein leben in die hand. den bischofsstab hat mir keiner gegeben, ich habe ihn selber geschnitzt aus eibe, als die zeit dafür reif war und klar. solange der weg ein ruhiger fluss war, bin ich bedächtigen schritts vorangegangen. aus dem fluss wurde ein wasserfall und die sonne stand hoch am himmel. da wusste ich, dass die zeit gekommen, die macht an mich zu nehmen.

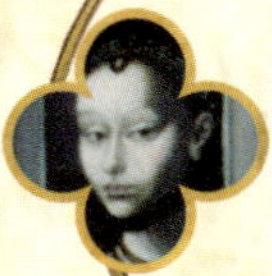

Das Bild

Die Blumenpriesterin trägt ihre florale Krone voller Würde. Als Insignium ihres Priesterinnentums trägt sie den Krummstab in der rechten Hand. In der linken Hand hält sie eine lange Kerze aus Bienenwachs. Sie trägt eine Tunika und darüber eine Dalmatik, welche am Halsausschnitt von einer Biene zusammengehalten wird. Ihr zur Seite steht ein Pinguin.

Deutung

Jetzt ist die Zeit gekommen, dass Sie Ihren eigenen Weg gehen. Wie Yapsa sollten Sie sich entschließen, machtvoll zu werden. Als Zeichen dafür können Sie sich einen Stab aus Holz schnitzen, der Sie im Alltag daran erinnert, dass Sie Macht haben. Seien Sie Ihre eigene Priesterin, Ihr eigener Priester. Sie kennen den Weg, den Sie gehen müssen, schon lange. Gehen Sie ihn nun, Schritt für Schritt.

Karia

Freiheit beginnt in Gedanken. Klar zeige ich dir den Weg durch den Nebel. Denke das Unfassbare. Wie ein Gärtner setze für jeden Gedanken einen Samen in die Erde. Der Garten deiner Gedanken wird blühen und du darfst dich an den Blumen und Früchten deines Gedankengartens erfreuen. Im Strudel der Gefühle und des Nebels erinnert er dich stets daran, wie du mit klaren Gedanken weiterkommst.

Das Bild

Der Wasserengel trägt einen Hippokampos (Reittier der Meeresgottheiten) auf dem Arm. Dieses Wesen ist halb Pferd, halb Fisch. In der linken Hand hält Karia den Neptundreizack und über ihrer Schulter ist ein Stück Panzer mit Muschelrelief zu sehen. Über ihre Stirn fallen nasse Haarsträhnen. Ihr Haar ist mit einer Perlenkette geschmückt.

Deutung

Im Moment ist klares Denken erforderlich. Ihre Gefühle sind stark, so stark, dass sie Ihren Geist vernebeln. Schritt für Schritt führt Sie klares Denken heraus aus dem Strudel der Gefühle. Karia sagt Ihnen, dass Sie so vorgehen sollen, wie wenn Sie einen Garten anlegen möchten. Wenn Sie sich im Sommer über Blumen freuen wollen, müssen Sie diese im Frühjahr setzen. Wollen Sie dereinst im Schatten eines Apfelbaumes sitzen, dann pflanzen Sie ihn heute. Überlegen Sie, was Sie gerne haben möchten in ihrem Gedankengarten. Die klaren Gedanken schenken Ihnen Freiheit anstelle der Gefühle, die Sie gefangen halten.

sara

Jetzt ist zugleich heute, morgen und gestern. die zeit ist rund wie die kristallkugel in meiner hand. derweilen du hier bist, bist du auch dort. seher aller länder haben die gabe, zu schauen all diese dinge. allmählich nur dringt dieses wissen zu dir. gestern, heute oder morgen kommt es an bei dir. unerkannt ist wissen nicht verwendbar, drum brauchst du einen hinweis, um zu sehen die dinge aus dieser sicht.

Das Bild

Eine Madonna im blauen Mantel hält eine Kristallkugel in der Hand. Sie lässt ihr Kind die Kugel bestaunen und es kann darin den Lauf der Welt erkennen. Ein Puttenengel blickt ihr amüsiert über die Schulter. Im Hintergrund ist ein gotisches Fenster. Durch das farbige Glasfenster fällt mild das Tageslicht. Auf dem Tisch steht der gedrechselte Ständer zum Aufstellen der Kristallkugel.

Deutung

Was Ihnen heute wichtig ist, kann morgen schon unwichtig sein. Ist es die Zeit, dieser eine Tag, der das bewirkt? Oder sind Sie es, haben Sie Ihre Einstellung, Ihre Meinung geändert? Ein Erlebnis, welches zehn Jahre zurückliegt, beschäftigt Sie heute genau so sehr wie damals, obwohl über 3650 Tage dazwischenliegen. Sara möchte Ihnen sagen, dass Zeit nicht einen Anfang und ein Ende hat, dass sich alles wiederholt und Vieles gleichzeitig stattfindet. Und wenn etwas beginnt, beginnt immer auch schon dessen Ende. Und wenn etwas stirbt, ist das ein Neubeginn, denn nichts geht verloren und nichts ist für immer.

Lariana

Behutsam gehe durchs Leben, ist meine Botschaft für dich. Alsdann wirst du gewahr aller Dinge um dich herum. Behutsamkeit sei dir gegeben bei allem was du tust. Trockne hier eine Träne, spende dort deinen Trost, immer gewahr all dessen, was dich umgibt. Ich lasse dich dabei nicht alleine, helfe mit, damit alles gelingt, was ich durch dich lasse geschehen an Gutem in dieser Welt. Um Gutes zu tun, braucht es viele. Mach einen Anfang, damit andere dir folgen werden.

Das Bild

Hinter einem filigranen gotischen Maßwerk sitzt die Madonna in blauer Robe mit ihrem göttlichen Kind. Das Kind hat seine rechte Hand zum Gnadenwinke erhoben, in seiner linken Hand hält es eine Weintraube. Die edelsteinverzierte Krone weist die Madonna als Himmelskönigin aus. Ihr flammendrotes Haar fällt ihr über die Schultern. Im Hintergrund sind zwei musizierende Engel zu sehen. Der eine spielt auf einer Bratsche, der andere auf einer Sitar.

Deutung

Sie haben die Fähigkeit, andere zu trösten, wenn diese traurig sind oder nicht mehr weiterwissen. Warum zögern Sie manchmal und denken, dass andere das als Einmischung empfinden könnten? Lariana ist auf die Hilfe von Menschen wie Ihnen angewiesen, damit sie durch diese helfen kann. Sie fordert Sie auf, behutsam durchs Leben zu gehen. Nur wenn Sie sich mit offenen Augen und langsamen Schrittes bewegen, sehen Sie die Menschen und Tiere, welche Trost suchen.

Simaria

Harmonie stellt sich ein, sobald du erkennst den Sinn der Gezeiten, des Windes, des Lichts. Tosendes Meer, Winde so stark und dann das Licht der Sonne. Harmonie in der Natur sei dir ein Abbild deiner eigenen Struktur. Nenn meinen Namen, um etwas zu erfahren dazu. Die Musik des Windes begeleitet dich dazu. Seine Melodie hält dich gefangen und befreit dich zugleich.

BILD

Umgeben von vier musizierenden Engeln sitzt die Madonna mit ihrem Kind in einem kleinen, aus lilaschimmerndem Stein gehauenen gotischen Pavillon. Vier Torsensäulen stützen das mit blauem Sternenhimmel ausgemalte Dächlein. Ihr weites rotes Kleid ist innen grün gefüttert. Ihr nacktes Knäblein freut sich an einem vorbeifliegenden Vogel. In diesem so genannten Hortus Conclusus (abgeschlossener Garten) wachsen Pflanzen verschiedenster Art. Die Engel links spielen auf Oboe und Laute, die Engel rechts Harfe und Geige. Alle tragen sie weichfallende Engelskleider in zarten Pastellfarben.

Deutung

Die Ruhe nach dem Sturm empfinden Sie wie nie zuvor als Harmonie der Natur. Genau gleich ist es, wenn der Sturm manchmal in Ihrem Innern tobt. Wie ein Gewitter, das die Luft reinigt, blitzt und donnert es im Herzen. Wenn sich der Sturm legt und das Gewitter von dannen zieht, fühlen Sie Harmonie. Und aus dem Tosen des Windes und dem Donner wird ein zartes Konzert, wie von Engeln auf Laute und Harfe gespielt.

Serenaia

Du bist hier, weil es dich braucht. Finde heraus, zu was es dich braucht. Dort wo dein Herz ist, stellt sich die Antwort bald für dich ein. Auch träumend kannst du erkennen, wo du hingehörst. Schau dir die Bilder an, welche dich nächtens erreichen und dein Leben um vieles bereichern. Was wollen sie dir sagen, deine Träume? Wohin führen sie dich? Dorthin, wo es dich braucht.

Bild

Vor einem weißen Tuch schwebt die Madonna aus himmlischen Gefilden majestätisch herab. Sie steht auf einer Mondsichel und wird von einem sie huldigenden Einhorn begrüßt. Sanft umfasst sie mit einem weißen Tüchlein ihr Kind. Ihr roter Mantel wird von einer prachtvollen Brosche zusammengehalten. Hinter ihr verliert sich der Blick in einer Landschaft mit einem himmelspiegelnden See und sanften Hügeln. Ein einziger Felsen ragt schroff ins Bild. Zwei Hasen und ein Hirsch sind als Vertreter der Tierwelt anwesend.

Deutung

Wenn Sie auf der Suche sind nach Ihrem Platz im Leben, dann hat Serenaia mit ihren Worten die Aufgabe einer Wegweiserin. Wem oder was gehört Ihr Herz? Dort dürfte vermutlich auch der Platz sein, wo Sie hingehören. Und dort werden Sie gebraucht. Denn auch daran können Sie erkennen, ob Sie am richtigen Platz sind: Überlegen Sie, wer Ihre Aufgabe übernehmen könnte? Viele, wenige? Je weniger es sind, desto mehr sind Sie am richtigen Platz. Serenaia sagt Ihnen zudem, dass Sie auf Ihre Träume achten sollen. Warum nicht ein Traumtagebuch führen? Vielleicht hilft es Ihnen zu erkennen, wo Ihr richtiger Platz auf dieser Welt eigentlich wäre. Und mit Sicherheit werden Sie dort gebraucht.

Theresia

Drinnen wie draußen erfüllt und umhüllt mich ein Licht. Versuche zu sehen, dieses Licht bei denen, die dir begegnen. Wenn deine Augen das Licht nicht vermögen zu sehen, lass dein Herz dir zeigen das Licht. Durch das Band des Lichts bist du verbunden und gebunden. Mit allen Wesen dieser Erde verbindet dich der Funke Licht, welcher uns allen gereicht zur Zuversicht. Heerscharen von Lichtern werden einst erfüllen die Räume zwischen Himmel und Erde, dann ist der Tag gekommen, an dem die Sonne hoch am Himmel steht und der Mond nicht mehr untergeht. Ihr wisst dann, dass die Zeit gekommen, in Frieden zu gehen den einen Weg.

Das Bild

Das Bild zeigt eine Madonna mit Kind orientalischer Provinienz. Sie präsentiert sich vor einer ornamental gekachelten Wand und einem maurischen Fenster, welches gleichzeitig ihren Heiligenschein darstellt. Sie ist mit goldenen Ohrringen und Armreifen geschmückt. Ihr Söhnchen füttert den roten Papagei mit einer Dattel.

Deutung

Theresia spricht vom Licht, das sowohl im Innern jedes Wesens zugegen ist, als auch eine Hülle um jedes Wesen bildet. Diese Lichthülle wird Aura genannt, einige Menschen können sie bei anderen sehen, andere nehmen sie nur wahr – mit dem Herzen. Wie ein Regenbogen, der sich nach einem Gewitter am Himmel zeigt, ist dieses Licht bunt oder auch weiß. Dieses Licht ist es, welches einen Menschen ausmacht, nicht seine Kleider, sein Beruf, sein Status. Gehen Sie aufmerksam durch die Welt. Sehen Sie das Licht, welches Ihre Mitmenschen umgibt? Und dort, wo Sie kein Licht sehen, was ist dort geschehen?

Manuela, Portia, Tamara

Wir möchten dir sagen, dass Zeit ist ein kostbares Gut, obwohl sie unendlich und nicht begrenzt ist, spielt es eine Rolle, für was du sie brauchst. Zeit, die vergeht ohne Sinn, ist wie Wasser, das an der Sonne verdunstet, anstatt zu tränken die dürstenden Wälder und Haine. Zeit ist beweglich wie Wasser, du kannst sie nie fassen. Sie steht nicht still, wann du möchtest, lässt sich nicht halten. Nur verschenken darfst du sie, wann immer du willst.

Das Bild

Unter einem goldenen Himmel eröffnet sich eine grüne Landschaft. Hinten ist ein Wald mit Bäumen verschiedenster Arten zu sehen. Auf blumenübersäter Wiese eine Gruppe von vier Figuren, welche von der verzückten Madonna in rosafarbenem Gewand dominiert wird. Über ihr schwebt der heilige Geist als weiße Taube. Zu ihrer Linken und Rechten steht je ein Engel, einer dunkel und einer hell. Der dunkle Engel im violetten Mantel präsentiert ein Stundenglas, Symbol der Vergänglichkeit. Der helle Engel seinerseits präsentiert einen goldenen Kelch. Beide Engel suchen den Blick des Betrachters. Auf einem weißen Tüchlein sitzt das Kind mit einer Kugel in der Hand, in der es den Lauf der Welt erblicken kann. Seine Pose erinnert an die eines Buddhas.

Deutung

Die Madonna und die beiden Engel möchten Sie darauf aufmerksam machen, dass Sie offenbar Ihre kostbare Zeit verschwenden. Wir haben nur eine ganz bestimmte Zeit, die wir hier auf Erden verbringen und sollten versuchen, diese gut zu nutzen. Wer oder was sind Zeiträuber, die Ihnen kostbare Zeit stehlen? Oder sind Sie es selbst, die Zeit vergeuden, anstatt sie zu verschenken, an Menschen oder Dinge, die es Ihnen wert sind? Der Lauf der Zeit lässt sich nicht aufhalten, das sieht auch das Kind in seiner Kugel. Aber die Zeit lässt sich gestalten – von Ihnen.

Jessica

Manchmal nur, wenn es die Zeit mir erlaubt, trete ich ein in das Land jenseits des Flusses. Traumlandschaft umgibt mich und die Stimme des Mondes ist deutlich wie nie. Tritt auch du ein in diese Welt, immer dann, wenn dich gelüstet danach.

Das Bild

Umrahmt von einer roten Engelsgalerie fällt der Blick auf die blaugewandete Madonna mit ihrem Kind. Sie sitzt inmitten einer paradiesischen Landschaft auf einer Mondsichel, zu ihren Füßen zwei Hasen. Ein saurierartiges Wesen schaut neugierig zu der Madonna mit ihrem Kinde, welche gemeinsam ein Buch betrachten.

Deutung

Hören Sie auf die Stimme des Mondes, welche in den Träumen zu Ihnen spricht. Tagsüber finden Sie kaum Zeit, auf Ihre Gefühle zu hören, daher hat der Mond gar keine andere Wahl, als nachts zu Ihnen zu sprechen. Jessica möchte Ihnen aber sagen, dass Sie durchaus immer Zugang zu Ihrer Traumwelt haben, nicht nur, wenn Sie schlafen.

Trevis

Geboren mit dem Wissen um alle Dinge in dieser Welt, trage ich bei zu allem, was uns verbindet mit der Kraft des Ursprungs, der Kraft des Wissens. Schau in den Spiegel, wenn du Antworten suchst. Schau dir selber in die Augen, schau nach innen. Nur dort wirst du finden, was immer du suchst. Nur dort bekommst du Antwort auf all deine Fragen.

Das Bild

Die Madonna im blauen Mantel, welcher von einer Brosche mit rotem Edelstein zusammengehalten wird, sitzt mit ihrem Kind und dem Einhorn vereint unter einer Rosenranke, welche dem illusionistisch gemalten Rahmen folgt. Wir befinden uns in einem von Zeit und Raum abgekapselten geschlossenen Gärtlein. Das mit einer Kugel spielende Knäblein liebkost das sonst so wilde, jetzt aber angesichts der Madonna ganz sanftmütig gewordene Fabeltier mit den goldenen Hufen. Sein zottiges Fell und das Kinnbärtchen lassen an einen Ziegenbock denken.

Deutung

Wann immer Sie Antworten suchen, fragen Sie zuerst sich selbst. Tief im Innern wissen Sie die Antwort auf all Ihre Fragen. Manchmal wollen die Antworten im Traum zu Ihnen kommen, manchmal dann, wenn Sie für einen Moment in die Ruhe, in die Stille gehen. Manchmal kommen sie ganz plötzlich, aus heiterem Himmel, wenn Sie gar nicht mehr an Ihre Fragen denken. Trevis will Sie ermuntern, zuallererst in Ihrem Innern nach Antworten zu suchen.

Aya

Ich bin zu dir gekommen mit der Botschaft des Lichts, das dir immer gereicht zur Zuversicht. Auch dann, wenn dunkle Wolken am Himmel zu sehn, und du nicht mehr weißt, wann die Sonne wieder scheint. Komm mit mir, ich führe dich dorthin, wo die Sonne immer scheint. Ich zeige dir das Licht in dir. Lass es scheinen an hellen und an dunklen Tagen.

Das Bild

Mit einer eigentümlichen Mischung aus Güte und Strenge blickt der Engel aus dem warmbraunen Grund. Aus seinem Stab sprießt Lorbeer. Und der Stier, den er auf dem Arm trägt, symbolisiert die Kraft der Erde, welche immer wieder neues Leben hervorbringt. Sein grüner Mantel mit dem Blumenmuster wird von einer mit Edelsteinen besetzten Goldschließe zusammengehalten und betont seine Naturverbundenheit.

Deutung

In jedem Lebewesen leuchtet ein inneres Licht. Aya möchte Ihnen Ihr inneres Licht zeigen. Sobald Sie es sehen, können Sie auch das innere Licht von anderen Menschen, von Tieren und Pflanzen sehen. Und Sie werden das Band, welches Sie mit allem verbindet, fühlen. Wer sein Licht leuchten lässt, verstärkt dieses Band.

Bonifazius

Bonifazius ist mein Name, noch kennst du mich nicht. Ich studiere die Schriften bei Tag und bei Nacht, wohl darauf bedacht, Antworten zu finden. Alles, was ich wissen muss, finde ich hier in meinen Gemäuern. Die Blume über mir sehe ich nicht. Warum auch? In Büchern finde ich doch alles, was ich will und lasse mich nicht stören von Blumen und Getier. Bald schon liegt die Kapsel zu meinen Füßen, dann muss ich sie wohl aufheben, und mein Buch für einen Moment herniederlegen. Ich fürchte mich vor diesem Moment. Wie eine Muschel kann ich dann mein Ohr an sie halten und werde Wahrheiten hören, die ich nicht hören will. Sie wird zu mir sprechen und mir sagen, dass ich auch eine Blume bin. Das Rauschen der Zeit werde ich hören und noch viel mehr.

Das Bild

Im romanischen Gewölbe sitzt in die Lektüre versunken ein Mönch. Hinter ihm steht in einer Amphore ein Pflanzenstängel mit einer riesigen Samenkapsel. Auf dem Boden liegt eine zweite, bereits aufgeplatzte Samenkapsel. Es sieht so aus, als ob wissenschaftliche Erkenntnis und Dogmen des Glaubens aufeinanderprallen.

Deutung

Sie lieben Theorien und fundiertes Wissen. Die 32 Bände der Encyclopaedia Britannica im Büchergestell haben eine beruhigende Wirkung auf Sie. Trotzdem spüren Sie ab und zu, dass es eine Wahrheit gibt, die sich nicht zwischen Buchdeckel pressen lässt. Am ehesten kommen Sie mit ihr in Kontakt, wenn Sie eine Blume betrachten, früh morgens durch den Wald gehen oder ohne Schirm durch den Regen wandeln. Diese Karte fordert Sie auf, nach dieser Wahrheit zu suchen, anstatt immer mehr Wissen anzuhäufen.

Angaben zu den Originalbildern

Alle Werke Eitempera auf Kreidegrund, mit teilweise vergoldeten bzw. versilberten Partien.

www.urbantroesch.ch

Mystisches Lenromand
Set mit 36 Karten und Buch von 281 Seiten

ISBN 3-0381-040-3

Engel und Madonnen

Regula Elizabeth Fiechter
Urban Trösch

Urania

Regula Elizabeth Fiechter • Urban Trösch
Engel und Madonnen
ISBN 3-03819-123-X
AGMüller Urania, Neuhausen am Rheinfall/Schweiz
www.tarotworld.com - www.uraniaverlag.ch

©2005 AGM AGMüller Urania

©2005 AGM AGMüller Urania

©2005 AGM AGMüller Urania

©2005 AGM AGMüller Urania

©2005 AGM AGMüller Urania

©2005 AGM AGMüller Urania

©2005 AGM AGMüller Urania

©2005 AGM AGMüller Urania

©2005 AGM AGMüller Urania

©2005 AGM AGMüller Urania

©2005 AGM AGMüller Urania

©2005 AGM AGMüller Urania

©2005 AGM AGMüller Urania

©2005 AGM AGMüller Urania

©2005 AGM AGMüller Urania

©2005 AGM AGMüller Urania

©2005 AGM AGMüller Urania

©2005 AGM AGMüller Urania

©2005 AGM AGMüller Urania

©2005 AGM AGMüller Urania

©2005 AGM AGMüller Urania

©2005 AGM AGMüller Urania